Martha Schad · Annette Epp
Gerd Reinhardt

Königlich Bayerisches
Bier-Kochbuch

Meinem Vater Walter Reinhardt gewidmet
(Gerd Reinhardt)

Martha Schad · Annette Epp
Gerd Reinhardt

Königlich Bayerisches
Bier-Kochbuch

Die besten Rezepte aus Schloss Kaltenberg

rosenheimer

Inhalt

Alle Rezepte sind, wenn nicht anders angegeben, für 4 Personen berechnet.

Vorwort

Mich als Brauer hat das Thema »Bier und Speisen« immer fasziniert. Genauso beschäftigte mich die Frage, ob das bayerische Grundnahrungsmittel in früheren Zeiten nur vom einfachen Volk oder auch vom Landesherrn genossen wurde. Bei näherem Studium des Bierverbrauchs meiner Vorfahren im Archiv der Küche des bayerischen Hofstaates – es geht lückenlos bis etwa 1620 zurück – konnte ich feststellen, dass Bier tatsächlich das Hauptgetränk quer durch alle dort verköstigten Stände war, vom Jagdgehilfen über die Beichtväter bis hin zum Landesherrn.

Auch heute spricht man in Bayern gern über Bierkultur. Beim näheren Hinsehen ist aber von dieser Bierkultur nicht mehr viel übrig. Die große Vielfalt der Biersorten und die zum Teil erheblichen Geschmacksunterschiede werden vom Verbraucher viel zu wenig beachtet. Beim Wein ist es selbstverständlich, den richtigen zur Speise auszuwählen. Das Gleiche sollte auch für Bier gelten. Auf vielen Reisen habe ich daher Rezepte mit und zum Bier gesammelt. Ein wichtiger Grundstock dieser Sammlung war dabei das umfangreiche Material, das mir mein hoch geschätzter Brauereikollege Max Hürlimann aus Zürich kurz vor seinem Tod überließ.

Wir wollen mit dem Thema Kochen mit und zum Bier den Sinn für Bierqualität heben – Qualität, wie sie von so vielen Brauern gepflegt wird. Ich würde mich freuen, wenn wir damit Verständnis für den Wert eines wirklich guten Bieres zum passenden Essen wecken könnten. Das wäre eine echte Förderung der bayerischen Lebensqualität.

Dank der in bayerischer Geschichte und der Geschichte unserer Familie besonders kundigen Autorin Martha Schad wird dieses Buch zweifelsohne ein königlicher Genuss!

Luitpold Prinz von Bayern

Noch ein Vorwort

Von König Ludwig II., dem »Märchenkönig«, geht bis heute ein ungebrochener Zauber aus – genau so wie von seiner Seelenfreundin Elisabeth, Kaiserin von Österreich. Beide waren irdischen Genüssen durchaus zugetan und liebten bayerisches Bier. Bei jedem ihrer zahlreichen Besuche in der Residenzstadt München besuchte die Kaiserin inkognito das Hofbräuhaus, zusammen mit einer Hofdame. Man benahm sich fein »bürgerlich« und bekam zwei Krügerl mit schäumendem Bier vorgesetzt. Selbst als sich die junge Kaiserin zur Erholung auf dem Weg nach Madeira befand, war bayerisches Bier an Bord vorhanden. Und das größte Bierfest der Welt, das alljährlich stattfindende Oktoberfest, war ursprünglich ein Fest zur Vermählung von Kronprinz Ludwig, des späteren Königs Ludwigs I., mit Therese Prinzessin von Sachsen-Hildburghausen. Es fand erstmals 1810 auf der Theresienwiese in der Residenzstadt München statt. Geht man in der über siebenhundertjährigen Geschichte des Hauses Wittelsbach bis in das Jahr 1516 zurück, so war es Herzog Wilhelm IV., der das noch heute gültige Reinheitsgebot für Bier erließ. Es besagt, dass Bier nur aus Hopfen, Gerstenmalz und Wasser gebraut werden darf. Für das Brauen von Weißbier besaßen die Wittelsbacher zweihundert Jahre lang das Monopol.

Und heute braut S. K. H. Luitpold Prinz von Bayern in der König Ludwig Schlossbrauerei Kaltenberg ein königliches Bier. Prinz Luitpold stammt aus der königlichen Linie des Hauses Wittelsbach. Sein Ururgroßvater war der beliebte Prinzregent Luitpold, dessen Regierungszeit als die »gute alte Zeit« gilt. Alljährlich findet in der Schlossparkarena das Kaltenberger Ritterturnier statt, das größte Ritterturnier der Welt.

Im Schlossrestaurant Kaltenberg schaltet und waltet der Gastronom und Koch Gerd Reinhardt, der schon durch Fernsehauftritte und Radiointerviews bekannt geworden ist. Seine Spezialität sind feine Speisen, die größtenteils mit Bier zubereitet werden. Egal ob König Ludwig Dunkel, das beliebteste Dunkelbier Deutschlands, Prinzregent Luitpold Weißbier oder die untergärigen Premiumbiere des Hauses – sie alle eignen sich vorzüglich für die in diesem königlich bayerischen Kochbuch von Gerd Reinhardt kreierten Gerichte: die Suppen, die Vorspeisen, die Hauptgerichte und Nachspeisen samt einem Kuchenrezept. Annette Epp hat die Rezepte mit bearbeitet.

Allen Leserinnen und Lesern in Bayern und weit darüber hinaus wünsche ich ein gutes Gelingen beim Kochen mit Bier von Seiner Königlichen Hoheit und einen recht guten Appetit!

Dr. Martha Schad

Suppen und kleine Gerichte

Bier-Zwiebel-Suppe

Bier-Käse-Suppe

Spinat-Bier-Suppe

Bier-Linsen-Suppe

Bayerisch Kraut

Überbackener Spargel

Blumenkohl nach Pilsner Art

Kaltenberger Salat

Kartoffeln in Bier

Überbackene Kartoffeln

Weiße Rüben (Navetten)

Champignon-Bier-Pastetchen

Biergrundsauce

Welsh Rarebit

Überbackener Chicorée

Bier-Zwiebel-Suppe

- 2 Gemüsezwiebeln
- etwas Butterschmalz
- 1/2 l König Ludwig Dunkel
- 1/2 l Gemüse- oder Rinderbrühe
- 1 Zweig Thymian
- Salz
- Pfeffer
- 1 Prise Zucker
- 8 Scheiben Baguette
- 100 g geriebener Greyerzer Käse

Zwiebeln schälen und in dünne Scheiben schneiden. Im Schmalz goldgelb dünsten, mit dem Bier und der Brühe aufgießen, den Thymianzweig hinzugeben und in ca. 15 Minuten gar köcheln; salzen, pfeffern und eine Prise Zucker hinzufügen. In feuerfeste Suppentassen füllen und mit jeweils zwei Scheiben Baguette und geriebenem Käse belegen. Bei starker Oberhitze im Backofen (Grill) überbacken.

Bier-Käse-Suppe

- 1 EL Butter
- 4 Zwiebeln
- 2 Knoblauchzehen
- 1/3 l König Ludwig Dunkel
- 2/3 l Gemüsebrühe
- 400 g dunkles Bauernbrot, in dünne Scheiben geschnitten
- 300 g geriebener Greyerzer Käse
- Salz
- 1 Prise Muskat

Die Butter in einem Topf zerlassen, die in Scheiben geschnittenen Zwiebeln und den fein gehackten Knoblauch dazugeben und goldgelb dünsten. Das Bier und die Brühe dazugießen, salzen und ca. 10 Minuten kochen lassen. Den Backofen auf 220 °C vorheizen. Dann eine feuerfeste Terrine mit einer Schicht Brotscheiben auslegen. Einen Teil des Käses daraufstreuen. Diesen Vorgang zweimal wiederholen und die Suppe darübergießen. Im Backofen etwa 15 Minuten überbacken und noch heiß servieren.

Spinat-Bier-Suppe

- 2 Karotten
- 200 g frische Spinatblätter
- 2 EL Butter
- 1 1/4 l Kaltenberg Hell
- 1 TL Zucker
- 500 g geschälte, gekochte Kartoffeln
- 50 g Butter
- Salz
- Pfeffer
- 1 EL Crème fraîche

Die Karotten in feine Scheiben schneiden und den Spinat fein hacken. Beides zusammen in Butter andünsten, mit etwas Bier ablöschen und den Zucker hineingeben.

Die Kartoffeln durch ein Sieb streichen oder durch eine Kartoffelpresse drücken und mit der Butter, etwas Salz und Pfeffer zu einer Paste verarbeiten.

Das restliche Bier zum Kochen bringen, unter ständigem Rühren zum Kartoffelpüree gießen und ca. 10 Minuten leicht kochen lassen.

Die Karotten-Spinat-Mischung zur Suppe geben und die Crème fraîche unterziehen.

Bier-Linsen-Suppe

Die Bier-Linsen-Suppe erst vor dem Servieren mit Salz und Pfeffer würzen, andernfalls verlängert sich die Garzeit auf das Doppelte.

Servieren Sie die Suppe mit Bauernbrot.

- 150 g Räucherspeck
- 1 Zwiebel
- 1 EL Öl
- 3 Karotten
- 1 Petersilienwurzel
- 1/2 Sellerieknolle
- 1/2 l König Ludwig Dunkel
- 1/2 l Brühe
- 150 g Linsen
- 1 kleiner Bund Liebstöckel
- etwas Majoran
- 400 g Kartoffeln (fest kochend)
- 1 Spritzer Essig
- Salz
- Pfeffer

Räucherspeck und Zwiebel in kleine Würfel schneiden und in Öl glasig braten. Die geschälten und gewürfelten Karotten, Petersilienwurzel und Sellerie dazugeben. Mit Bier und Brühe aufgießen und die Linsen, den Liebstöckel und den Majoran dazu geben. Ca. 35 bis 40 Minuten köcheln lassen.
In der Zwischenzeit die in ca. 1 cm große Würfel geschnittenen Kartoffeln in Salzwasser bissfest garen und anschließend abgießen. Zu der Linsensuppe geben, mit Essig, Salz und Pfeffer abschmecken und ca. 2 Minuten köcheln lassen. Die Suppe sollte dickflüssig sein.

Bayerisch Kraut

Gute Beilage zu deftigen Fleischgerichten.

Wenn Sie anstatt Wasser Gemüsebrühe oder Fleischbrühe verwenden, erhält die Suppe einen intensiveren Geschmack.

- 1 kg Weißkraut
- 125 g Speck
- 1 Gemüsezwiebel
- Salz
- Pfeffer
- 1 TL Kümmel
- $^1/_4$ l Wasser
- $^1/_2$ l Kaltenberg Hell
- etwas Zucker
- 1 Schuss Bier- oder Sherryessig

Das Weißkraut waschen und fein hobeln. Den Speck und die Zwiebeln in Würfel schneiden. Die Speckwürfel in einer tiefen Pfanne langsam ausbraten. Die Zwiebeln dazugeben und im heißen Speckfett glasig anbraten.
Das Kraut und die Gewürze dazugeben und das Ganze unter Rühren braten, bis das Gemüse zusammenfällt. Das Kraut mit dem Bier und dem Wasser angießen und schmoren lassen, bis das Kraut weich, aber noch bissfest ist. Das Bayerisch Kraut mit Zucker und Essig herzhaft abschmecken.

Überbackener Spargel

- 2 kg frischer Spargel
- Salz
- Zucker
- 150 g Butter
- 80 g Mehl
- 1/2 l Kaltenberg Hell
- Pfeffer
- 250 geriebener Emmentaler

Spargel schälen und im kochenden Salz-Zucker-Wasser ca. 10 bis 12 Minuten kochen. Den fertig gegarten Spargel abgießen und dabei das Kochwasser auffangen. Die Spargelstangen abschrecken und in etwa 3 cm große Stücke schneiden.

Eine feuerfeste Form ausbuttern und den Spargel hineinlegen. In einem Topf die restliche Butter erhitzen, das Mehl einrühren und etwa 2 Minuten anschwitzen, aber nicht bräunen lassen. Das Bier und etwa 0,2 l Spargelfond hinzugeben, alles mit Salz und Pfeffer abschmecken und die Sauce unter ständigem Rühren etwa 5 Minuten kochen. Abseits vom Feuer den Käse unter die Sauce rühren, bis er sich gelöst hat.

Die fertige Käsesauce über den Spargel gießen und das Ganze im heißen Ofen etwa 10 Minuten gratinieren.

Schmeckt auch sehr gut mit grünem Spargel; diesen aber nur ca. 3 bis 5 Minuten kochen.

Nach dem Zugeben des Käses darf die Sauce nicht mehr kochen, sonst gerinnt sie.

Blumenkohl nach Pilsner Art

Reichen Sie zu diesem Gericht Salzkartoffeln.

1 Blumenkohlkopf
1 Flasche Kaltenberg Pils
Saft einer halben Zitrone
125 g roher Schinken
1 EL Schweineschmalz
2 EL fein gehackte Petersilie
1 Prise Muskat
200 ml Sahne
4 Scheiben magerer Frühstücksspeck
200 g geriebener Greyerzer Käse

Den Blumenkohl in Röschen zerteilen, in reichlich kochendem Salzwasser zwei Minuten blanchieren, kalt abschrecken und abtropfen lassen. Das Pils mit Zitronensaft und etwas Wasser aufkochen und den Blumenkohl darin bissfest garen, abgießen und abtropfen lassen.

Den Schinken fein würfeln, in Schmalz anbraten, Petersilie, Muskat, Sahne und etwas Bier hinzugeben und das Ganze 2 Minuten köcheln lassen. Eine feuerfeste Form mit den Frühstücksspeckscheiben auslegen, die Blumenkohlröschen darauflegen und die Sauce darüber geben. Mit Käse bestreuen und im Ofen überbacken.

Kaltenberger Salat

- Verschiedene Blattsalate
- 4 Tomaten
- 1/2 Salatgurke
- 2 EL Balsamicoessig
- 2 TL scharfer Senf
- Salz, Pfeffer, Zucker
- 2 Esslöffel Rapsöl
- 500 g Putenbrust
- 100 ml König Ludwig Dunkel
- 200 ml Sahne
- 100 g Gorgonzola

Salate putzen, waschen und in mundgerechte Stücke zupfen. Tomaten vierteln und Gurke in Scheiben schneiden. Balsamicoessig und Senf verrühren und mit dem Rapsöl aufschlagen, bis eine homogene Mischung entsteht. Mit Salz, Pfeffer und etwas Zucker abschmecken.

Die in Streifen geschnittene Putenbrust in einer Pfanne kurz anbraten, mit dem König Ludwig Dunkel ablöschen, die Sahne hinzugeben und alles noch etwa 2 Minuten köcheln lassen.

Den in Würfel geschnittenen Gorgonzola hinzugeben und nochmals 2 Minuten köcheln lassen. Die Putenstreifen mit der Sauce über den angemachten Salat gießen.

Die Zutaten für das Dressing sollten Zimmertemperatur haben, damit sich eine Emulsion bilden kann.

Fest kochende Kartoffelsorten wie z.B. Sieglinde oder Nikola eignen sich hierfür am besten.

Dieses Kartoffelgericht passt als Beilage zu Schinkenbraten oder Schweinekotelett.

Kartoffeln in Bier

- 1 1/2 kg Kartoffeln (fest kochend)
- 1/2 l König Ludwig Dunkel
- 1 Zwiebel, mit 3 Gewürznelken gespickt
- 50 g Butter
- etwas Salz
- 1 EL Crème fraîche
- Petersilie, fein gehackt

Die Kartoffeln mit der Schale gar kochen, anschließend pellen und in 1 cm dicke Scheiben schneiden.
Das Bier mit der Zwiebel in einen Topf geben und etwas einkochen. Die Kartoffeln mit der Butter in das Bier geben. Das Gemüse eine Weile einschmoren, die Crème fraîche dazu geben und servieren. Mit fein gehackter Petersilie bestreuen.

Überbackene Kartoffeln

- 600 g geschälte Kartoffeln
- 2 EL Butter
- etwas Schweineschmalz
- 125 g durchwachsener Speck in Scheiben
- 1/8 l Sahne
- 1/8 l Kaltenberg Hell
- 1 Ei
- Salz
- Pfeffer
- Butterflöckchen

Die Kartoffeln in 1/2 cm dicke Scheiben schneiden und in einer gebutterten feuerfesten Form auslegen. Darauf die in Schmalz angebratenen Speckstreifen legen. Diese wiederum mit Kartoffelscheiben bedecken. Die Sahne mit dem Bier und dem Ei verquirlen und über die Kartoffeln geben, salzen und pfeffern, mit Butterflöckchen belegen und etwa 40 Minuten bei 170 °C im Ofen backen.

Weiße Rüben (Navetten)

800 g weiße Rüben (Navetten)
125 g Champignons
1 Zwiebel
2 EL Olivenöl
Salz
Pfeffer
300 ml Kaltenberg Hell
200 ml Sahne
100 g Semmelbrösel

Die weißen Rüben putzen, schälen und in Salzwasser gar kochen. Die Hälfte der gegarten Rüben durch ein Sieb streichen.

Die Champignons und die Zwiebel sehr fein hacken und in Olivenöl weich dünsten, salzen und pfeffern und mit dem Navettenmus vermischen. Die restlichen in Scheiben geschnittenen Rüben in eine gut gefettete, feuerfeste Form legen und mit dem Mus bedekken.

Das Bier mit der Sahne vermischen und darüber gießen, mit den Semmelbröseln bestreuen und in den heißen Ofen schieben. Die Biersahnesauce im Backofen auf die Hälfte einköcheln lassen und dann servieren.

Champignon-Bier-Pastetchen

Die Pastetchen sind besonders gut als Vorspeise mit grünem Salat.

- 150 g frische Champignons
- 120 g gekochter Schinken
- 2 EL Butter
- 100 ml Kaltenberg Pils
- 1 Spritzer Zitronensaft
- 100 ml Sahne
- Salz
- Pfeffer
- 4 Blätterteigpastetchen
- 150 g geriebenen Bierkäse (alternativ geriebener Emmentaler)

Die geputzten Champignons halbieren oder vierteln und zusammen mit dem in feine Streifen geschnittenen Schinken in Butter weich dünsten. Pils und Zitronensaft dazugeben und etwas einkochen lassen. Sahne dazugießen, salzen, pfeffern und etwas reduzieren lassen. Die Pastetchen damit füllen, den geriebenen Käse darüberstreuen und im heißen Ofen überbacken.

Biergrundsauce

- Olivenöl
- 2 kg Kalbs- oder Schweineknochen
- 2 Zwiebeln
- 3–4 Karotten
- 1 Sellerieknolle
- 2 EL Tomatenmark
- 2 EL Mehl
- 1 l König Ludwig Dunkel
- 1 TL Pfefferkörner
- Salz
- 1–2 Lorbeerblätter
- 1 Prise Zucker
- Wasser

In einen großen Topf so viel Öl geben, dass die gesamte Topffläche dünn damit bedeckt ist, dann das Öl stark erhitzen. Die in 5 cm große Stücke gehackten Knochen unter ständigem Rühren von allen Seite scharf anrösten. Das in 3 bis 4 cm große Stücke geschnittene Gemüse hinzugeben und ebenfalls mitrösten. Nun das Tomatenmark und das Mehl hinzufügen, nochmals eine Minute mitrösten.

Das Bier aufgießen. Die Pfefferkörner, etwas Salz, Lorbeerblätter und Zucke zur Sauce geben. Mit Wasser aufgießen, bis die Flüssigkeit etwa 2 cm über der Knochen-Gemüse-Mischung steht.

Ca. 3 Stunden köcheln lassen, dabei immer wieder umrühren und Wasser nachgießen.

Die Sauce durch ein Sieb gießen, erkalten lassen und entfetten.

Welsh Rarebit

- 12 kleine Roggenbrotscheiben, ca. 1 cm dick
- 200 g Chester- oder Cheddar-Käse
- 4 EL Kaltenberg Hell
- 1 TL scharfer Senf
- etwas Butter
- Pfeffer aus der Mühle

Die Brotscheiben von der Rinde befreien und leicht toasten. In einem Topf den geriebenen oder in Scheiben geschnittenen Käse mit dem Bier und dem Senf unter ständigem Rühren erhitzen. Die Brotscheiben buttern, den geschmolzenen Käse darauf verteilen und zum Schluss noch pfeffern.

Überbackener Chicorée

- 8 mittelgroße Chicoréestangen
- 400 g Bratwurstfülle
- 1 Zwiebel
- 1 Karotte
- 300 ml Kaltenberg Hell
- 8 Scheiben durchwachsener Speck
- 50 g Butter
- 150 g Semmelbrösel

Chicoréestangen putzen und den bitteren Strunk ausschneiden. Den Chicorée mit kochendem Wasser überbrühen.

Die Bratwurstfülle zusammen mit der sehr fein geschnittenen Zwiebel und der Karotte dünsten, bis das Gemüse weich ist, und mit dem Bier ablöschen. Etwas einköcheln lassen.

Jede Chicoréestange mit einer Speckscheibe umwickeln, in eine gefettete, feuerfeste Form legen und mit der Bratwurstfüllung überstreichen. Zuletzt mit Semmelbröseln bestreuen und im heißen Ofen bei Oberhitze überbacken.

Rind- und Kalbfleisch

Kalbsrouladen

Kalbsrücken in Ritterbock-Schalotten-Sauce

Rinder-Bier-Gulasch

Sauerkraut-Bier-Gulasch

Tafelspitz mit Bier-Meerrettich-Sauce

Entrecote in Bier-Schalotten-Sauce

Kalbsschnitzel in Bier-Sahne-Sauce

Flambierte Pfeffersteaks

Bierhaschee

Rinderschmorbraten

Pfefferpotthast

Kalbsrouladen

Reichen Sie zu den Rouladen Spätzle oder Salzkartoffeln.

- 8 Kalbsschnitzel à ca. 80 g
- Salz
- Pfeffer
- 1 EL scharfer Senf
- 250 g Champignons
- 4 Schalotten
- Olivenöl zum Braten
- 1 kleiner Bund frischer Salbei
- Mehl
- 1/8 l Kaltenberger Ritterbock
- 1 TL Tomatenmark
- 1/4 l Bratensauce
- 100 ml Sahne oder Crème fraîche

Die Kalbsschnitzel klopfen, salzen, pfeffern und mit dem Senf bestreichen. Die Champignons waschen und in Scheiben schneiden, die Schalotten fein hacken. Nun beides im Olivenöl anbraten und ca. 10 Minuten dünsten. Etwas abkühlen lassen, Salbeiblätter hinzugeben und alles grob zerhacken. Die Masse auf die vorbereiteten Kalbsschnitzel verteilen und diese dann zusammenrollen. Mit jeweils 2 Zahnstochern oder Küchengarn zusammenhalten, leicht in Mehl wenden und in einer Pfanne in Öl rundum scharf anbraten. Mit dem Ritterbock ablöschen, Tomatenmark und Bratensauce hinzugeben und ca. 15 Minuten entweder im Ofen oder auf dem Herd mit geschlossenem Deckel schmoren lassen. Die Kalbsrouladen herausnehmen, die Sauce mit Sahne oder Crème fraîche verfeinern.

Kalbsrücken in Ritterbock-Schalotten-Sauce

- 1/2 Kalbsrücken von ca. 1 kg
- Salz, Pfeffer
- 2 EL Butterschmalz
- 2 EL Honig
- 1/2 l Kaltenberger Ritterbock
- 1/4 l Fond
- 8–10 Schalotten
- 1 EL Tomatenmark
- 1 EL scharfer Senf
- 100 ml Sahne
- etwas Butter

Den Kalbsrücken mit Salz und Pfeffer würzen und mit Senf einreiben. Butterschmalz in einem Bräter erhitzen und den Kalbsrücken auf beiden Seiten anbraten. Die Oberseite mit Honig bestreichen und mit der Hälfte des Ritterbocks sowie dem Fond aufgießen. Ca. 60 bis 70 Minuten bei 170 °C im Ofen braten.

Den Kalbsrücken herausnehmen und warm stellen. Die fein gehackten Schalotten in Butter glasig werden lassen; das Tomatenmark, den Bratenfond sowie den restlichen Ritterbock und die Sahne dazugeben. Ca. 10 Minuten köcheln lassen und durch ein Sieb passieren. Den Kalbsrücken in ca. 1 cm dicke Scheiben schneiden und mit der Sauce servieren.

Röstkartoffeln und Salat passen hervorragend zum Kalbsrücken.

Als Beilage eignen sich besonders Spätzle oder Salzkartoffeln.

Rinder-Bier-Gulasch

- 1 kg Rindergulasch
- 2 EL Olivenöl
- 2 Zwiebeln
- 1 TL Tomatenmark
- 1 TL Dijon-Senf
- Mehl zum Bestäuben
- 1 l König Ludwig Dunkel
- 1 Thymianzweig
- 1 Knoblauchzehe, zerdrückt
- 1 Lorbeerblatt
- Salz und Pfeffer aus der Mühle

Die Fleischstücke in Olivenöl rundum anbraten, die in Scheiben geschnittene Zwiebel dazugeben und ca. 5 Minuten mitbraten. Tomatenmark und Senf hinzufügen, mit Mehl bestäuben und mit Bier aufgießen. Den Thymianzweig, die Knoblauchzehe und das Lorbeerblatt dazugeben und das Ganze 1 1/2 Stunden köcheln lassen (immer wieder umrühren). Mit Salz und Pfeffer abschmecken.

Sauerkraut-Bier-Gulasch

- 250 g abgehangenes Ochsenfleisch
- 250 g Schweinefleisch
- 3 Zwiebeln
- 2 EL Schweineschmalz
- 1/2 l Kaltenberg Hell
- 1–2 Lorbeerblätter
- 1 EL Kümmel, fein gehackt
- Salz und Pfeffer
- 3 EL Semmelbrösel
- 300 g Sauerkraut
- 2 EL Crème fraîche

Das Fleisch in nicht zu kleine Würfel schneiden und zusammen mit den grob gehackten Zwiebeln im heißen Schweineschmalz scharf anbraten. Mit Bier ablöschen, Gewürze dazugeben und die Sauce mit den Semmelbröseln binden.

Das Ganze mit dem Sauerkraut bedecken und etwa 1 1/2 Stunden schmoren. Nach dem Anrichten die Crème fraîche darübergeben.

Tafelspitz mit Bier-Meerrettich-Sauce

Aus der Brühe lässt sich eine schmackhafte Suppe zubereiten. Als Einlage eignen sich Leberspätzle, Brätnockerl oder Pfannkuchenstreifen.

Als Beilage zum Tafelspitz eignen sich Spinat und Salzkartoffeln.

1 Tafelspitz, ca. 800 g
1 l König Ludwig Dunkel
1 Zwiebel
1/2 Sellerieknolle
2 Petersilienwurzeln
2 Karotten
1 Lorbeerblatt
4 bis 5 Pfefferkörner
Salz
50 g Butter
50 g Mehl
1/4 l Sahne
100 g geriebener Meerrettich
fein geschnittener Schnittlauch

Tafelspitz in einen großen Topf geben, König Ludwig Dunkel darübergießen und mit kaltem Wasser auffüllen, bis der Tafelspitz gut bedeckt ist. Die geputzten Wurzelgemüse in 3 cm große Stücke schneiden und mit dem Lorbeerblatt, den Pfefferkörnern und etwas Salz hinzugeben. Das Ganze etwa 2–2 1/2 Stunden leicht köcheln lassen. Die Butter in einer Kasserolle erhitzen. Das Mehl dazugeben und unter Rühren etwa 2 Minuten anschwitzen, aber nicht bräunen. Mit der Tafelspitzbrühe aufgießen und unter ständigem Rühren zu einer geschmeidigen Sauce verarbeiten. Die Sahne und den Meerrettich unterrühren. Den Tafelspitz in ca. 1/2 cm dicke Scheiben schneiden, mit der Sauce übergießen und mit dem Schnittlauch garnieren.

Entrecote in Bier-Schalotten-Sauce

Für
2
Personen

Das fertig gebratene Entrecote vor dem Aufschneiden in Alufolie einwickeln und ca. 5 Minuten ruhen lassen, damit beim Aufschneiden der Fleischsaft nicht ausläuft.

Am besten mit Herzoginkartoffeln und Brokkoli zu Tisch geben.

- 400 g Entrecote am Stück (Roastbeef)
- Salz
- Pfeffer
- 1 EL scharfer Senf
- 2 EL Butterschmalz
- 8 Schalotten
- 200 ml Kaltenberger Ritterbock
- 2 EL Crème fraîche
- 100 ml Bratenfond oder Brühe
- 2 Spritzer Essig
- 2 cl Whiskey

Das Entrecote pfeffern, salzen und mit Senf bestreichen. Das Butterschmalz in einer ofenfesten Pfanne erhitzen und das Fleisch darin von beiden Seiten jeweils 1 Minute scharf anbraten.
Anschließend die Hälfte des Butterschmalzes in einen Topf abgießen und beiseite stellen. Das Fleisch wieder in die Pfanne geben und im auf 180 °C vorgeheizten Ofen in etwa 12 Minuten medium braten. Inzwischen die fein gehackten Schalotten im restlichen Butterschmalz glasig dünsten, mit dem Ritterbock ablöschen und 2 Minuten köcheln. Nun die Crème fraîche und den Bratenfond hinzufügen und das Ganze wiederum 2 Minuten lang reduzieren. Die Sauce mit etwas Essig, Salz und Pfeffer abschmecken und beiseite stellen.
Die Pfanne mit dem Entrecote aus dem Ofen nehmen und das Bratfett abgießen. Die Pfanne wieder auf die heiße Herdplatte stellen, und das Entrecote mit Whiskey flambieren und im abgeschalteten Backofen ruhen lassen.
Das Entrecote in Scheiben schneiden. Die Sauce als Spiegel auf vorgewärmte Teller gießen und die Entrecotescheiben darauf anrichten.

Kalbsschnitzel in Bier-Sahne-Sauce

Servieren Sie das Schnitzel mit Gnocchi und Salat.

- 4 Kalbsschnitzel aus der Keule à 150 g
- Salz
- Pfeffer
- etwas Mehl
- 50 g Butterschmalz
- 200 ml Kaltenberger Ritterbock oder König Ludwig Dunkel
- 200 ml Sahne
- etwas Orangensaft
- 1 TL Zucker
- Petersilie zum Bestreuen

Kalbsschnitzel mit Salz und Pfeffer würzen, in Mehl wenden und in der Pfanne mit heißem Butterschmalz von beiden Seiten scharf anbraten. Aus der Pfanne nehmen, in eine feuerfeste Form legen und bei 140 °C in den Ofen stellen.

In der heißen Pfanne das Bier und die Sahne auf die Hälfte reduzieren. Orangensaft und Zucker dazugeben und mit Salz abschmecken. Die Sauce über die Kalbsschnitzel geben, alles mit Petersilie bestreuen.

Flambierte Pfeffersteaks

- 4 Scheiben Rinderlende à 200 g
- etwas Salz
- ca. 100 g grob geschroteter schwarzer Pfeffer
- Butterschmalz
- 4 cl Whiskey
- 1 Prise Zucker
- 150 ml König Ludwig Dunkel
- 200 ml Sahne

Die Steaks salzen, in den geschroteten Pfefferkörnern wenden und diese kräftig andrücken.
Butterschmalz in einer Bratpfanne erhitzen. Die Steaks darin auf beiden Seiten je 1 bis 2 Minuten scharf anbraten. Beim Wenden darauf achten, dass die Pfefferkörner nicht abfallen. Die Hitze reduzieren und weiterbraten, bis die Steaks nach Geschmack gegart sind.
Die Steaks mit dem Whiskey flambieren, aus der Pfanne nehmen und warm stellen.
Zucker in die Pfanne geben und leicht karamellisieren lassen. Mit dem Bier und der Sahne aufgießen und das Ganze sämig einkochen. Die Sauce mit Salz und Pfeffer abschmecken.
Die Steaks mit der Sauce übergießen.

Reichen Sie zu diesem Gericht Bratkartoffeln und Gemüse.

Bierhaschee

Dazu passen Semmelknödel, Kartoffelpüree oder Reis.

750 g Rinderhackfleisch
1 Ei
etwas Majoran
Semmelbrösel
Salz
Pfeffer
Butterschmalz
3 Zwiebeln
125 g Räucherspeck
1 TL Mehl
200 ml Rinderbrühe
200 ml Kaltenberg Hell
1 TL Zucker
1 EL Dijonsenf

Hackfleisch, Ei, Majoran, Semmelbrösel, Salz und Pfeffer mischen und zu einem Fleischteig verkneten. Aus dem Teig kleine Fleischpflanzerl (Durchmesser ca. 3 bis 4 cm, 1 cm dick) formen. In einer Pfanne das Butterschmalz erhitzen, die Fleischpflanzerl darin auf beiden Seiten scharf anbraten und beiseite stellen.

Zwiebeln und Speck fein hacken und in der Pfanne bei schwacher Hitze anschwitzen. Das Mehl hinzugeben und unter ständigem Rühren goldgelb rösten. Die Mehlschwitze mit der Brühe und dem Bier ablöschen und mit Salz, Pfeffer und Zucker würzen.

Die Sauce köcheln lassen. bis die Zwiebeln weich sind; dabei die Flüssigkeit auf die Hälfte reduzieren lassen..

Den Senf in die Sauce einrühren. Die Fleischpflanzerl einlegen und zugedeckt bei schwacher Hitze 5 bis 10 Minuten ziehen lassen.

Rinderschmorbraten

Als Beilage Spätzle oder Schupfnudeln und Kräutergemüse reichen.

1 l Kaltenberg Hell
1 Lorbeerblatt
2 Nelken
6 schwarze Pfefferkörner
2 Zwiebeln, 2 Karotten
3 EL Öl
1 ½ kg Rinderbraten (Bug oder Keule)
Salz
125 g Speckstreifen
3 EL Butter
200 g frische Champignons
250 g Schalotten, geschält und geviertelt
etwas Stärkemehl

Aus Bier, Lorbeerblatt, Nelken, Pfefferkörnern, grob gewürfelten Zwiebeln, Karotten und Öl eine Marinade rühren. Das Fleisch in die Marinade legen und etwa 24 Stunden marinieren. Dabei mehrmals wenden.

Das Fleisch aus der Marinade nehmen, abtropfen lassen und salzen. Die Marinade durch ein Sieb gießen. Das Fleisch mit den Speckstreifen spicken und von allen Seiten in Butter gut anbraten. Zwiebeln und Karotten dazugeben und gleichfalls Farbe annehmen lassen. Das Ganze mit etwas Marinade ablöschen.

Das Fleisch in den auf 180 °C vorgeheizten Ofen schieben und ungefähr 2 Stunden schmoren.

Inzwischen Champignons in feine Scheiben schneiden und mit den geviertelten Schalotten in etwas Butter andünsten.

Am Ende der Garzeit die Sauce durch ein Sieb passieren und mit etwas Stärkemehl binden. Schalotten und Champignons hinzugeben. Fleisch in nicht zu dünne Scheiben schneiden und die Sauce darüber verteilen.

Pfefferpotthast

- 1 kg abgehangenes Ochsenfleisch
- 2 EL Schweineschmalz
- 4 grob gewürfelte Gemüsezwiebeln
- Salz und Pfeffer
- 1 Messerspitze Piment
- 1/4 l Prinzregent Luitpold Weißbier Dunkel
- 1/4 l Fleischbrühe
- 125 g zerbröselter Pumpernickel
- Saft einer halben Zitrone

Das Fleisch in große Würfel schneiden. In einem Topf das Schweineschmalz erhitzen und das Fleisch zusammen mit den Zwiebeln anbraten, bis die Zwiebeln glasig sind. Mit Salz, Pfeffer und Piment würzen. Mit Bier und Fleischbrühe ablöschen, den Pumpernickel hinzugeben und alles ca. 1 1/2 bis 2 Stunden köcheln lassen. Zuletzt mit Zitronensaft abschmecken.

Reichen Sie zu diesem Gericht Essiggemüse und Salzkartoffeln.

Schweinefleisch

Biergehitschel

Servieren Sie dieses Gericht mit Bauernbrot.

- 800 g gepökeltes Schweinefilet oder Schweinerücken
- 500 g Sauerkraut
- $^{1}/_{2}$ l König Ludwig Dunkel
- 1 Zwiebel
- 3 Wacholderbeeren
- 1 Lorbeerblatt
- etwas gemahlener Kümmel (nach Belieben)
- 250 g Kartoffeln
- $^{1}/_{4}$ l Gemüsebrühe
- 1 Knoblauchzehe
- Pfeffer
- Zucker

Das Fleisch in 3 cm große Würfel schneiden, mit dem Sauerkraut, dem Bier, der klein geschnittenen Zwiebel, den Wacholderbeeren, dem Lorbeerblatt und dem Kümmel in einen großen Topf geben und ca. 1 Stunde köcheln lassen. Die Kartoffeln in 1 cm große Würfel schneiden und in der Gemüsebrühe ca. 20 Minuten garen lassen. Anschließend abschütten und unter das Kraut mischen. Den fein gehackten Knoblauch und etwas Pfeffer und Zucker dazugeben. Nochmals 5 bis 10 Minuten köcheln lassen.

Bierbratwürstel

- ½ l Prinzregent Luitpold Weißbier Dunkel
- 1 EL Senf
- 24 Nürnberger Rostbratwürste
- 1 Gemüsezwiebel
- etwas Öl
- 100 g geräuchertes Wammerl
- Pfeffer

Weißbier und Senf verrühren. Die Rostbratwürste mit Zwiebelscheiben über Nacht darin einlegen.

In einer Kasserolle den in kleine Würfel geschnittenen Speck glasig dünsten, die Gemüsezwiebel hinzugeben und leicht Farbe annehmen lassen, mit Bierfond ablöschen und ca. 5 Minuten köcheln lassen.

In der Zwischenzeit die Rostbratwürste in heißem Öl goldbraun braten. Zusammen mit der Zwiebelmischung servieren und mit frisch gemahlenem Pfeffer würzen.

Zu Bierbratwürsten passen am besten Kartoffelpüree und Sauerkraut.

Bier-Schinken-Braten

Servieren Sie als Beilage hierzu Kartoffelpüree und Feldsalat.

- 1 gekochter Schinken von ca. 1 kg
- 1/2 l König Ludwig Dunkel
- ca. 2 EL König Ludwig Weißbiergelee oder 2 EL Honig
- etwas Butterschmalz
- 1 Zwiebel
- 1/2 Sellerieknolle
- 2–3 Karotten
- 1 TL Tomatenmark
- 1 TL scharfer Senf
- 1 Thymianzweig
- 1 EL Kartoffelstärke

Die Oberseite des Schinkens mit dem Weißbiergelee oder dem Honig bestreichen und in einem Bräter in heißem Butterschmalz anbraten. Mit der Hälfte des Bieres ablöschen und für ca. 30 Minuten bei 160 °C in den Ofen schieben.

Nun das in grobe Würfel geschnittene Gemüse hinzugeben. 20 Minuten mitbraten lassen, Tomatenmark und Senf hinzugeben und mit dem restlichen Bier und etwas Wasser aufgießen. Den Thymianzweig dazugeben und alles nochmals 20 Minuten im Ofen garen. Den Schinken herausnehmen und im Ofen warm stellen.

Den Bratenfond in einen kleinen Topf gießen, mit der Kartoffelstärke binden und ca. 5 Minuten köcheln lassen. Die Sauce passieren und mit dem in Scheiben geschnittenen Schinken servieren.

Bier-Spanferkel-Keule

Für
8
Personen

Mit Kartoffelknödel und Bayerisch Kraut serviert, ist die Bier-Spanferkel-Keule ein Festmahl.

1 Spanferkelkeule
Salz
Pfeffer
1 l König Ludwig Dunkel
50 ml ÖL
2 Karotten
1/2 Sellerieknolle
2 Zwiebeln
1 EL Tomatenmark
1 EL Mehl

Die Schwarte der Spanferkelkeule mit einem scharfen Messer einritzen, das Fleisch salzen, pfeffern und mit dem Bier übergießen. Ca. 1 Stunde ziehen lassen und dabei wiederholt wenden.
In einem Bräter Öl erhitzen und die Keule darin anbraten. Anschließend bei ca. 180 °C etwa 1 1/2 Stunden braten. Von Zeit zu Zeit mit Bier begießen.
Inzwischen das Wurzelgemüse in Stücke schneiden, am Ende der Garzeit zum Braten geben und unter gelegentlichen Umrühren weitere 20 Minuten mitbraten.
Die knusprig gebratene Keule aus dem Bräter nehmen und warm stellen. Das Wurzelgemüse in einen Topf geben und erhitzen. Tomatenmark und Mehl hinzugeben, kurz mitschmoren und mit einer Tasse Wasser und dem übrigen Bier eine Sauce bereiten. Die Sauce durchsieben und herzhaft abschmecken.
Die Spanferkelkeule tranchieren und mit der Sauce servieren.

Schweinefiletmedaillons in Dunkelbier-Senf-Sauce

- 800 g Schweinefilet
- Salz
- Pfeffer
- etwas Mehl
- 50 g Butterschmalz oder Sonnenblumenöl
- 1/4 Flasche König Ludwig Dunkel
- 1 EL altdeutscher Senf oder Moutarde de Meaux
- 1 TL süßer Senf für Weißwurst
- 1 EL Crème fraîche

Am Schweinefilet Fett und Sehnen mit einem scharfen Messer entfernen. In ca. 3 cm dicke Medaillons schneiden und mit dem Fleischklopfer oder der Faust leicht klopfen, salzen, pfeffern und anschließend in Mehl wenden. Das Butterschmalz in einer Pfanne erhitzen und die Medaillons ins heiße Fett legen. Nach ca. 2 Minuten wenden, die Temperatur etwas zurückdrehen (mittlere Stufe) und weitere 2 Minuten braten. Das Fett abschöpfen, das König Ludwig Dunkel hinzugeben und ca. 2 Minuten lang etwas einkochen lassen. Dann die Medaillons herausnehmen und im Backofen auf ca. 150 °C warm stellen. Den altdeutschen und den süßen Senf hinzugeben und die Sauce zum Schluss mit der Crème fraîche verfeinern. Die Sauce über die Medaillons gießen.

Reichen Sie dazu Kartoffelrösti, Gemüse oder frischen Salat.

Fleischpflanzerl auf Brauerart

Semmel in lauwarmer Milch einweichen. So werden die Fleischpflanzerl geschmeidiger, und die Zutaten lassen sich besser verarbeiten.

- 3 Zwiebeln
- 2 EL Butter
- 125 g Schweinehackfleisch (Mett)
- 125 g gehacktes Kalbfleisch
- 1 eingeweichte und ausgedrückte Semmel
- 1 Ei
- gehackte Petersilie
- Estragon
- Salz
- Pfeffer
- 1 Prise Muskat
- 300 ml Kaltenberg Schloss-Keller Naturtrüb
- 2 EL Fleischbrühe
- 1/2 TL Zucker

Eine Zwiebel fein hacken und in etwas Butter glasig dünsten. Das Hackfleisch mit der Zwiebel, der eingeweichten und ausgedrückten Semmel, dem Ei und den Gewürzen zu einem Teig vermischen. Aus dem Fleischteig Fleischpflanzerl formen. Etwa 10 Minuten auf beiden Seiten in Butter braten.
Inzwischen die restlichen zwei Zwiebeln in Scheiben schneiden, in der restlichen Butter weich dünsten, mit dem Bier ablöschen und mit etwas Fleischbrühe und Zucker abschmecken.
Die Sauce über die Fleischpflanzerl gießen und das Ganze noch etwa 5 Minuten sanft kochen lassen.

Schweinefilet nach Kaltenberger Art

Das Bier sollte von den Kartoffeln ganz aufgesaugt werden.

- 1 Schweinefilet von ca. 800 g
- 400 g Kartoffeln
- 2 Zwiebeln
- 125 g getrocknete Pflaumen
- Majoran
- Rosmarin
- Salz
- Pfeffer
- 1/4 l Kaltenberg Hell
- 1/4 l Wasser oder Fleischbrühe
- 2 TL Butter
- Petersilie

Das Fleisch in eine hohe, feuerfeste, gut verschließbare Form legen, darüber abwechselnd die in Scheiben geschnittenen Kartoffeln, die Zwiebeln und die Pflaumen schichten. Das Ganze mit Majoran, Rosmarin, Salz und Pfeffer kräftig würzen und das Bier sowie das Wasser, oder besser, die Fleischbrühe darüber gießen, so dass die Kartoffeln und die Zwiebeln vollständig bedeckt sind.

Die Form verschließen, alles in den auf 160 °C vorgeheizten Ofen schieben und eine halbe Stunde garen.

Die Form abdecken, das Ganze mit Butterflöckchen belegen und weitere 20 Minuten garen.

Zuletzt mit der fein gehackten Petersilie bestreuen.

Südamerikanischer Bierbraten

- 1 TL Salz
- 1 TL Pfeffer
- 1/2 TL Majoran
- 1/2 TL Basilikum
- 1/2 TL Kreuzkümmel
- 2 Knoblauchzehen
- 1 1/2 kg ausgelöster Schweinekamm oder Schweinerücken
- 1/2 l König Ludwig Dunkel
- 1 Zwiebel
- 1 EL Essig
- 1 Messerspitze gemahlene Chilischote
- 1 EL gehackter Koriander
- etwas Öl

Aus Salz, Pfeffer, Majoran, Basilikum, Kreuzkümmel und dem fein gehackte Knoblauch eine Würzmischung herstellen. Das Fleisch damit einreiben und über Nacht in den Kühlschrank stellen. Am nächsten Tag das Fleisch in etwas Öl anbraten und im Backofen bei 190 °C ca. 30 Minuten braten. Das aufgekochte Bier darübergießen und weitere 60 Minuten garen. Dabei häufig begießen.
Nun den Braten auf eine Platte geben und im Ofen warm halten. Den Bratensaft in einen Topf gießen und die fein geriebene Zwiebel, den Essig, die gemahlene Chilischote und den Koriander beifügen. Ca. 2 bis 3 Minuten köcheln lassen. Das Fleisch in Scheiben schneiden und die Sauce getrennt dazu servieren.

Für
6
Personen

Mit Reis und frischem Salat servieren.

Geschnetzeltes Schweinefilet

Zu Geschnetzeltem passen Kartoffelrösti und grüner Salat.

- 1 Schweinefilet von ca. 800–900 g
- etwas Olivenöl
- 200 g frische Austernpilze
- 100 g Wammerl
- 4 Schalotten
- Butter
- 300 ml König Ludwig Dunkel
- 200 ml Sahne
- 1 Prise Kümmelpulver
- Salz und Pfeffer
- Schnittlauch

Das Schweinefilet von Fett und Sehnen befreien und in ca. 2–3 cm große Streifen schneiden.

Das Öl in einer Pfanne erhitzen, das Fleisch darin kurz und scharf anbraten und zum Abtropfen in ein Sieb geben. In der gleichen Pfanne nun die Butter erhitzen und die Austernpilze darin scharf anbraten, bei schwacher Hitze ca. 1 Minute weiterbraten und ebenfalls in ein Sieb geben.

Das in kleine Würfel geschnittene Wammerl und die fein gehackten Schalotten in etwas Butter 2 bis 3 Minuten dünsten, dann das Bier und etwas Sahne angießen und alles auf gut die Hälfte reduzieren. Die Pilze und das Fleisch dazugeben. Das Ganze mit Kümmel, etwas Sahne, Salz und Pfeffer abschmecken, 1 Minute köcheln lassen und mit dem fein gehackten Schnittlauch bestreuen.

Gefüllte Schinkenröllchen

- 10 Scheiben gekochter Schinken
- 4 kleine Salatherzen
- 8 EL geriebener Schweizer Käse oder Parmesan
- Salz
- Pfeffer
- 2 EL Butter
- 1/4 l Sahne
- etwas Mehl
- 1/4 l Prinzregent Luitpold Weißbier

Zwei Schinkenscheiben und die Salatherzen klein hacken und mit dem Käse sowie Salz und Pfeffer vermengen. Die Mischung auf die übrigen 8 Schinkenscheiben verteilen, diese zusammenrollen und in eine ausgebutterte feuerfeste Form legen. Sahne, Mehl und Weißbier gut miteinander verquirlen, über die Röllchen gießen und den restlichen Käse darüber streuen.
Die gefüllten Schinkenröllchen im heißen Ofen überbacken, bis der Käse geschmolzen ist und etwas Farbe angenommen hat.

Schweinsbraten mit Senf-Bier-Sauce

Für 8 Personen

Servieren Sie den Braten mit Kartoffelknödeln und Gurkensalat.

- 1 Schweinsbraten mit Schwarte aus der Schulter, ca. 2 kg
- 2 EL scharfer Senf
- Salz
- Pfeffer
- 1/2 l König Ludwig Dunkel
- 3 Karotten
- 1 Gewürzbeutel (Knoblauch, Nelke, Wacholderbeeren: alles fein gehackt)
- Tomatenmark
- 1/2 l Brühe

Den Braten mit Senf bestreichen, salzen und pfeffern, im Ofen bei 160 bis 170 °C etwa eine Dreiviertelstunde braten (die Schwarte nach oben) und dann das Wurzelgemüse dazugeben. Nochmals 1 Stunde braten und gelegentlich mit Bier übergießen. Den Braten herausnehmen und im Ofen warm stellen. Das Wurzelgemüse mit dem Fond in einen Topf geben, Tomatenmark und Gewürzbeutel hinzugeben, mit Brühe aufgießen. Etwas kochen lassen und abschmecken. Die Sauce durch ein Sieb passieren.

Schweinefiletkotelett in Kümmel-Bier-Sauce

- 4 Schweinefiletkoteletts
- Salz
- Pfeffer
- etwas Mehl
- etwas Öl
- 1 EL Kümmel
- 1/4 l König Ludwig Dunkel
- 1 TL scharfer Senf
- 1/4 l Fleisch- oder Gemüsebrühe
- 2–3 Scheiben Vollkornbrot
- 1 Prise Zucker
- 1 EL Crème fraîche

Schweinekoteletts würzen, in Mehl wenden und in der Pfanne in heißem Öl von beiden Seiten anbraten. Anschließend in den vorgeheizten Ofen (170 °C) schieben.

In einer Kasserolle den fein gehackten Kümmel in heißem Öl ca. 1 Minute unter ständigem Rühren anrösten. Mit dem Bier ablöschen. Senf, Brühe und das in Würfel geschnittene Vollkornbrot hinzugeben und alles 2 bis 3 Minuten kochen lassen. Vom Feuer nehmen, mit dem Pürierstab fein pürieren, durch ein Sieb gießen, wieder zum Kochen bringen und mit etwas Zucker und der Crème fraîche verfeinern. Die Sauce über die gebratenen Koteletts gießen.

Dazu schmecken Rösti und Speckwirsing.

Geflügel

Perlhuhn in Bier geschmort

Pikantes Bierhähnchen

Coq à la Bière

Hähnchenbrust in grüner Pfeffersauce

Hähnchenleber mit Portwein und Ritterbock auf Friséesalat

Braumeistergericht

Ente in dunklem Bier geschmort

Hähnchen vom Grill

Entenbrust mit getrockneten Pflaumen

Perlhuhn in Bier geschmort

Servieren Sie hierzu Salzkartoffeln.

- 250 g Weißkraut
- 120 g gekochter Schinken, in Würfel geschnitten
- 120 g Räucherspeck, in Würfel geschnitten
- 3 Knoblauchzehen
- 2 Zwiebeln
- etwas Thymian
- 1 Lorbeerblatt
- ca. 100 g Butter
- 500 g frische Champignons
- 1 Suppengrün
- Salz
- Pfeffer
- 2 Perlhühner
- 1 l Kaltenberg Hell

Das Weißkraut fein schneiden und ca. 10 Sekunden in kochendem Wasser blanchieren, abschrecken und ausdrücken.
Das Kraut zusammen mit dem Schinken, dem Speck, dem zerdrückten Knoblauch, den gehackten Zwiebeln, dem Thymian und dem Lorbeerblatt in Butter in einem Schmortopf andünsten. Die grob geschnittenen Champignons und das Wurzelwerk hinzugeben, salzen und pfeffern.
Die Perlhühner gut waschen, würzen und auf das Kraut legen. Alles mit Bier ablöschen und im Ofen zugedeckt 1 1/2 Stunden schmoren lassen.

Pikantes Bierhähnchen

- 2 Brathähnchen
- 1 l Kaltenberg Hell
- 2 Gemüsezwiebeln
- 2 Karotten
- 2 Knoblauchzehen
- etwas Rosmarin
- 2 Chilischoten
- Salz und Pfeffer
- 30 ml Olivenöl
- 50 g Butter
- 100 g gewürfelter Räucherspeck
- 250 g Pfifferlinge oder Champignons
- 800 g Kartoffeln

Hähnchen in je 4 Teile zerlegen und für ein paar Stunden in einer Marinade aus Bier, einer halben fein gehackten Zwiebel, Karotten, Knoblauch, Rosmarin und Chilischoten legen. Die Hähnchenteile abtropfen lassen und gut abtrocknen, salzen und pfeffern.

In einer Kasserolle Butter und Olivenöl erhitzen und die Hähnchenteile darin anbraten. Die Speckwürfel, die restlichen Zwiebeln und die Pilze dazugeben und mit anbraten.

Wenn das Fleisch Farbe angenommen hat, die Hälfte der inzwischen erhitzten und durch ein Sieb gegebenen Marinade zugeben. 20 Minuten köcheln lassen, dann die geschälten und gewürfelten Kartoffeln zugeben und weitere 20 Minuten mitgaren.

Vor dem Servieren mit fein gehacktem frischem Koriander bestreuen.

Coq à la Bière

Als Beilagen eignen sich am besten Kartoffeln oder Reis und gemischter Salat.

- 1 Stange Staudensellerie
- 4 Karotten
- 10 Champignons
- 1 große Zwiebel
- 4 Hähnchenkeulen
- Salz und Pfeffer
- 3 EL Pflanzenöl
- 2 EL Mehl
- 1/2 l Prinzregent Luitpold Weißbier Hell
- 300 ml Hühnerbrühe oder Wasser
- 150 g Speckwürfel
- 2 Nelken
- 4 Wacholderbeeren
- 1 Lorbeerblatt
- 1 Bund Petersilie

Das Gemüse und die Pilze waschen, putzen und in 2 cm große Stücke schneiden. Die Hähnchenkeulen mit Salz und Pfeffer würzen.

Das Öl in einer großen Pfanne erhitzen und die Hähnchenkeulen darin goldgelb anbraten.

Die Keulen mit dem Mehl bestäuben, aus der Pfanne nehmen und in einen Topf geben. Das Gemüse, das Weißbier, die Brühe und die Gewürze dazugeben. In der Pfanne den Speck anbraten und ebenfalls in den Topf geben.

Das Ganze auf kleiner Flamme etwa 2 Stunden köcheln lassen, zuletzt mit Salz und Pfeffer abschmecken.

Hähnchenbrust in grüner Pfeffersauce

Reichen Sie dazu Nudeln und Salat.

- 4 Hähnchenbrüste ohne Haut
- Salz
- Pfeffer
- etwas Mehl
- 2 EL Butterschmalz
- 1/4 l König Ludwig Dunkel
- 1/4 l Sahne
- 2 Scheiben Pumpernickel
- 1 EL grüne Pfefferkörner in Lake
- 4 cl Grapefruitsaft oder Orangensaft

Die Hähnchenbrüste würzen und leicht mit Mehl bestäuben. In heißem Butterschmalz rundum anbraten und in den auf ca. 160 °C vorgeheizten Ofen geben. In die noch heiße Pfanne Bier und Sahne gießen und zusammen mit dem zerkrümelten Pumpernickel ca. 5 Minuten köcheln lassen, durch ein Sieb passieren, nochmals aufkochen lassen, Pfefferkörner und Grapefruitsaft dazugeben.

Hähnchenleber mit Portwein und Ritterbock auf Friséesalat

- 500 g Hähnchenleber
- 1 EL Butterschmalz
- 100 g Räucherspeck in Streifen
- 4–6 Schalotten, fein gehackt
- 5 cl Portwein
- 200 ml Kaltenberger Ritterbock
- Salz
- Pfeffer
- 2 Friséesalat
- Salat-Dressing nach Wahl (Balsamico-Senf-Dressing oder Vinaigrette)
- fein gehackte Petersilie

Die geputzte Hähnchenleber im heißen Butterschmalz scharf anbraten und herausnehmen. Den Speck und die Schalotten 1–2 Minuten braten. Die Hähnchenleber dazugeben. Mit Portwein und Ritterbock ablöschen, einkochen lassen und mit Salz und Pfeffer abschmecken.
Den gewaschenen Friséesalat mit dem Dressing anmachen, das Hähnchenleberragout darauf verteilen und alles mit Petersilie bestreuen.

Dieses Gericht eignet sich als Vorspeise, die mit Baguette serviert werden kann.

Braumeistergericht

Dieses Gericht kann mit Kartoffelrösti und Feldsalat serviert werden.

- 500 g Putenbrust oder Schweinefilet
- ca. 200 g Chorizos oder pikante Paprikawurst
- 1 EL Butterschmalz
- 1 Zwiebel, in Würfel geschnitten
- 200 ml König Ludwig Dunkel
- 1/8 l Sahne
- 1/8 l Hühner- oder Gemüsebrühe
- Salz
- Pfeffer
- fein gehackte Petersilie

Das Fleisch in 2 cm lange Streifen und die Chorizos oder die pikante Paprikawurst in etwa 1/2 cm dicke Scheiben schneiden.

Das Butterschmalz in einer Pfanne erhitzen und das Fleisch und die Wurst zusammen mit den Zwiebelwürfeln rundherum scharf anbraten.

Mit dem dunklem Bier und der Sahne ablöschen und alles ca. 5 Minuten einkochen lassen. Jetzt die Brühe hinzufügen, die Sauce mit Salz und Pfeffer abschmecken und nochmals eine Minute köcheln.

Zum Schluss das Ganze mit gehackter Petersilie bestreuen.

Ente in dunklem Bier geschmort

Apfelblaukraut und Kartoffelrösti sind als Beilagen besonders zu empfehlen.

- 1 junge Ente, ca. 2 bis 2,5 kg im Ganzen
- Salz und Pfeffer
- 4 EL Butter
- 250 ml Brühe
- 200 ml König Ludwig Dunkel
- 1 Anchovis
- 1 Bund Suppengrün
- 4 geschälte Schalotten
- 1 EL Stärkemehl

Die Ente mit Salz und Pfeffer würzen. Die Butter in einem Bräter erhitzen und die Ente darin von allen Seiten braun anbraten. Mit Brühe und Bier ablöschen.

Anchovis, das Suppengrün und die Schalotten hinzugeben und zugedeckt ca. 40 Minuten köcheln lassen. Das Suppengrün herausnehmen und etwas Fett abschöpfen. Das Stärkemehl mit dem Fond anrühren und damit die Sauce eindicken. Die Ente tranchieren und mit der Sauce servieren.

Hähnchen vom Grill

- 2 ganze Brathähnchen
- 1 l Kaltenberg Hell
- Salz
- Pfeffer
- 120 g zerlassene Butter
- 2 Zwiebeln, in grobe Stücke geschnitten

Die Hähnchen gründlich waschen und 1 bis 2 Stunden in Bier legen. Anschließend herausnehmen und innen und außen würzen.

Die Hähnchen mit zerlassener Butter bepinseln und in den heißen Ofen bei ca. 190 °C auf den Grillrost legen. Bei guter Oberhitze etwa 40 Minuten knusprig braten. Jeweils beim Wenden die Hähnchen mit Bier begießen und mit flüssiger Butter beträufeln. In der Grillpfanne die geschnittenen Zwiebeln mitbraten.

Beim Anrichten das Geflügel in Portionsstücke zerlegen. Die Sauce entfetten und mit etwas Kartoffelstärke binden. Danach die Sauce mit Bier aufgießen, durchsieben und etwas einkochen lassen. Die Hähnchenteile mit der Sauce servieren.

Servieren Sie die Hähnchen mit Röstkartoffeln.

Entenbrust mit getrockneten Pflaumen

Entenbrüste von männlichen Tieren sind größer, zarter und geschmackvoller als die von weiblichen Tieren.

Als Beilage eignet sich besonders Kartoffelschnee mit Salat.

- 4 Entenbrüste
- Salz
- Pfeffer
- etwas Butterschmalz
- 150 g getrocknete Pflaumen
- 1/4 l Kaltenberger Ritterbock
- 1 Prise brauner Zucker
- etwas Kartoffelstärke
- 2 cl Whiskey

Die Haut der Entenbrüste mit einem scharfen Messer einritzen, das Fleisch salzen, pfeffern und in heißem Butterschmalz auf der Hautseite goldbraun braten, wenden und für ca. 15 Minuten in den auf 180 °C vorgeheizten Ofen stellen.

Inzwischen die klein gehackten Pflaumen im Ritterbock mit dem braunen Zucker köcheln und mit der Kartoffelstärke leicht eindicken.

Die Entenbrust aus dem Ofen nehmen und auf die Herdplatte stellen; mit dem Whiskey flambieren und mit der Sauce ablöschen. Die Entenbrust in ca. 1/2 cm dicke Scheiben schneiden und auf der Sauce servieren.

Wild und Lamm

Bier-Hirsch-Gulasch

Kaninchenkeule in Whiskey-Bier-Sauce

Lammragout à la Provençale

Geschmorte Lammkeule

Lammkarree in Bier-Kräuter-Sauce

Keltentopf

Lammmedaillons in Bier

Gefüllte Lammkeule

Wildschweinkeule in Bier-Preiselbeer-Sauce

Bier-Hirsch-Gulasch

Hierzu passen Spätzle oder Knödel und Speckrosenkohl.

- 1 kg Hirschgulasch
- etwas Öl
- 1 EL Tomatenmark
- 3 EL Mehl
- 1/2 l Prinzregent Luitpold Weißbier Dunkel
- 2 Zwiebeln
- 250 g Mischpilze
- 1 Lorbeerblatt
- 5 Wacholderbeeren
- Salz
- Pfeffer
- 70 g Preiselbeeren
- 4 EL Crème fraîche

Das Fleisch von allen Seiten in Öl anbraten, das Tomatenmark dazugeben, kurz mitrösten, alles mit Mehl bestäuben und nochmals 1 Minute rösten. Mit Weißbier ablöschen und mit so viel Wasser auffüllen, dass das Fleisch bedeckt ist.

Die fein gehackten Zwiebeln und die Pilze in etwas Öl dünsten und zusammen mit dem Lorbeerblatt und den Wacholderbeeren zum Fleisch geben. Unter gelegentlichem Umrühren etwa 1 1/2 Stunden köcheln lassen, dabei gegebenenfalls ab und zu Wasser nachgießen.

Die Sauce mit Salz und Pfeffer abschmecken. Das Hirschgulasch mit den Preiselbeeren anrichten und jede Portion mit 1 TL Crème fraîche garnieren.

Kaninchenkeule in Whiskey-Bier-Sauce

Als Beilage eignen sich Tagliatelle oder Kartoffeln und Salat.

4 Kaninchenkeulen (alternativ Hähnchenkeulen)
4 cl Whiskey
3 EL Olivenöl
2 Zwiebeln
2 Knoblauchzehen
2 Thymianzweige
250 g Speck
50 g Butter
250 g Champignons
2 Karotten
40 g Mehl
1 l König Ludwig Dunkel
Salz und Pfeffer
2 EL Crème fraîche

Die Kaninchenkeulen mit dem Whiskey, 2 EL Olivenöl, 1 fein gewürfelten Zwiebel, dem fein gehacktem Knoblauch und den Thymianzweigen ca. 3 Stunden marinieren.
Den in Streifen geschnittenen Speck in etwas Olivenöl und Butter anbraten. Die zweite gehackte Zwiebel und die in Scheiben geschnittenen Champignons hinzugeben, ca. 5 Minuten andünsten und anschließend von der Kochstelle nehmen.
In einem zweiten Topf etwas Butter erhitzen, die in Scheiben geschnittenen Karotten andünsten; mit Mehl bestäuben. Die Kaninchenkeulen aus der Marinade nehmen und zu den Karotten geben. Das Bier aufgießen und alles im Bräter ca. 45 Minuten bei 160 °C schmoren lassen. Aus dem Ofen nehmen und die Speck-Champignon-Mischung hinzugeben. Auf dem Herd ca. 45 Minuten einköcheln lassen. Zum Schluss die Crème fraîche hinzufügen, kurz aufkochen lassen und mit Salz und Pfeffer abschmecken.

Lammragout à la Provençale

Reichen Sie hierzu Baguette oder Salzkartoffeln und Salat.

- 4 Karotten
- 1 Staudensellerie
- 2 Zwiebeln
- 100 g Wammerl (durchwachsener Speck vom Schwein)
- 4 EL Olivenöl
- 1 EL Butter
- 4 Knoblauchzehen
- 1 TL Tomatenmark
- 250 g weiße dicke Bohnen
- 1 l König Ludwig Dunkel
- 800 g Lammkeule ohne Knochen
- 1 TL Zucker
- 2 Nelken
- 1 Lorbeerblatt
- 1 kleiner Thymianzweig
- Salz
- Pfeffer

Karotten, Sellerie und Zwiebeln in kleine Würfel schneiden und mit dem Wammerl in 2 EL Olivenöl und Butter anbraten. Knoblauch fein schneiden, Tomatenmark beifügen und die über Nacht eingeweichten Bohnen dazugeben. Mit König Ludwig Dunkel bedecken und $^{1}/_{2}$ Stunde köcheln lassen. Das Lammfleisch in Würfel schneiden und in 2 EL Olivenöl scharf anbraten, Zucker dazugeben und etwas karamellisieren lassen. Das Fleisch, die Nelken, das Lorbeerblatt und den Thymian zu den Bohnen geben und das Ganze nochmals 1 $^{1}/_{2}$ Stunden unter gelegentlichem Umrühren köcheln lassen. Zum Schluss mit Salz und Pfeffer abschmecken.

Geschmorte Lammkeule

Für
6
Personen

Reichen Sie zu diesem Gericht grüne Bohnen und Salzkartoffeln.

- 1 Lammkeule, ca. 1,5 kg
- 4 Knoblauchzehen
- Salz
- Pfeffer
- 2 EL Olivenöl
- 300 ml König Ludwig Dunkel
- 1 Zweig Thymian
- 1 Lorbeerblatt

Die Lammkeule mit den Knoblauchzehen spicken, salzen und pfeffern. In Olivenöl scharf anbraten, mit dem Bier ablöschen und im Ofen mit dem Lorbeerblatt und dem Thymianzweig bei 180 °C ca. 40 Minuten braten. Während des Garens alle 10 Minuten mit der Bratflüssigkeit übergießen und gelegentlich wenden.
Die Lammkeule (innen noch rosa) mit etwas Bratensaft zu Tisch geben.

Lammkarree in Bier-Kräuter-Sauce

- 1 kg Lammkarree
- 2 Wacholderbeeren
- 2 Knoblauchzehen
- 2 Zwiebeln
- Salz
- Pfeffer
- 1 Zweig Majoran
- 1 Zweig Rosmarin
- 1 Zweig Estragon
- 1/2 Lorbeerblatt
- 1/2 l König Ludwig Dunkel
- 1/4 l Rotwein
- 2 EL Butterschmalz
- 100 ml Crème fraîche

Lammkarree mit gestoßenen Wacholderbeeren und den zerdrückten Knoblauchzehen einreiben, dann mit der grob gehackten Zwiebel und den Gewürzen in eine tiefe Schüssel legen und mit Bier und Rotwein übergießen.

Das Fleisch einen Tag unter häufigem Wenden marinieren.

Das Lammkarree aus der Marinade nehmen und abtrocknen. In Butterschmalz von allen Seiten anbraten und unter Hinzufügen der entsprechenden Menge Marinade rosa braten. Das dauert bei 170 °C ca. 40 Minuten. Dabei gelegentlich mit dem Bratfond begießen. Die Sauce zum Schluss etwas einkochen und mit Crème fraîche binden.

Dazu reicht man Röstkartoffeln und grüne Bohnen.

Keltentopf

- 800 g Lammfleisch aus der Keule
- 50 g Butterschmalz
- 1 Zwiebel
- 1/2 l Kaltenberg Hell
- 200 g Sellerieknolle
- 200 g Karotten
- 250 g Kartoffeln
- 200 g Erbsen
- Sahne
- Pfeffer
- Salz

Das Lammfleisch in ca. 3 cm große Würfel schneiden und im heißen Butterschmalz zusammen mit der in Würfel geschnittenen Zwiebel anbraten. Mit dem Bier und der gleichen Menge Wasser ablöschen und das Ganze ca. 1 Stunde köcheln lassen.

Sellerieknolle, Karotten und Kartoffeln würfeln und zum Fleisch geben, umrühren und eine weitere Stunde köcheln lassen.

In der Zwischenzeit die Erbsen in Salzwasser kurz blanchieren und zum Ragout geben. Alles gut vermischen und mit Salz, Pfeffer und Sahne abschmecken. Eventuell noch etwas Bier nachgießen.

Lammmedaillons in Bier

- 4 Lammhüften, zu je 2 Medaillons geschnitten
- Salz
- Pfeffer
- 1 Knoblauchzehe
- 1 Thymianzweig
- 30 g Butter oder Olivenöl
- 3 Karotten
- 12 Perlzwiebeln
- 1 Prise Zucker
- 300 ml König Ludwig Dunkel
- 150 g Steinpilze (ersatzweise Champignons)
- 1/2 TL feine Speisestärke

Die Medaillons mit der zerdrückten Knoblauchzehe einreiben und mit Salz und Pfeffer bestreuen, den Thymianzweig beifügen und ca. 1 Stunde einziehen lassen. Die Butter in einem Topf erhitzen und das Fleisch zusammen mit den in kleine Würfel geschnittenen Karotten und den Perlzwiebeln darin leicht anbräunen. Zucker und Bier hinzufügen und zugedeckt 20 Minuten dünsten. Die geputzten Steinpilze bzw. Champignons in etwas Butter oder Olivenöl weich dünsten.

Die Medaillons auf einer vorgewärmten Platte anrichten und mit den Pilzen, Karotten und Perlzwiebeln bedecken. Den Bratfond mit etwas Speisestärke eindicken, wenn nötig mit etwas Wasser auffüllen, und über das Fleisch gießen.

Gefüllte Lammkeule

250 g Bratwurstfülle
2 Zwiebeln
2 Knoblauchzehen
2 Spritzer Zitronensaft
2 cl Bierbrand
1 Lammkeule, entbeint
etwas Olivenöl
300 ml Kaltenberg Hell
1 Rosmarinzweig, 1 Thymianzweig

Die Bratwurstfülle mit den fein gehackten Zwiebeln, dem zerdrückten Knoblauch, dem Zitronensaft und dem Bierbrand vermischen. Die entbeinte Keule mit der Farce füllen und zunähen.

Die Keule von allen Seiten in Olivenöl anbraten. Mit dem Bier ablöschen, die Kräuterzweige hinzufügen und im Ofen bei 170 °C nach Belieben 40–60 Minuten rosa bis medium garen. Den Bratfond passieren und zu der in Scheiben geschnittenen Keule servieren.

Für
6
Personen

Zur Lammkeule kann man Kartoffelgratin und grüne Bohnen reichen.

Wildschweinkeule in Bier-Preiselbeer-Sauce

- 1 Wildschweinkeule ohne Knochen (ca. 1–1,2 kg)
- $^{1}/_{2}$ l Rotwein
- $^{1}/_{2}$ l König Ludwig Dunkel
- 5–8 Wacholderbeeren
- 3 Lorbeerblätter
- etwas Öl
- 2 Zwiebeln
- 4–5 Karotten
- $^{1}/_{2}$ Sellerieknolle
- 150 g Preiselbeeren
- etwas Tomatenmark
- etwas Kartoffelstärke

Am Vortag die Wildschweinkeule in eine Marinade aus Wein, Bier, Wacholderbeeren und Lorbeerblättern legen und gelegentlich wenden.
Die Keule aus der Marinade nehmen und abtrocknen, von allen Seiten im Bräter anbraten. Etwas Marinade hinzugeben und im Ofen bei 170 °C etwa 1 Stunde garen.
Nun das Wurzelgemüse, die Preiselbeeren und das Tomatenmark hinzufügen. Alles 10 Minuten schmoren lassen, etwas Marinade hinzufügen und nochmals unter gelegentlichem Rühren 1 Stunde schmoren lassen.
Die Keule aus dem Bräter nehmen und warm stellen. Den Bratensaft und die restliche Marinade in einen Topf geben und bei großer Hitze etwa 5 Minuten einkochen lassen, passieren und evtl. mit Kartoffelstärke andicken.

Fisch und Meeresfrüchte

Gekochter Hummer in Biersauce

Fischragout

Fines-de-Claires-Austern

Forelle blau in Bier

Flambierte Riesengarnelen auf Radicchio

Kabeljaufilet im Bierteig mit Tomatensauce

Gebackener Hering

Lachs im Wirsingmantel

Seeteufelmedaillons auf Bier-Linsen-Gemüse

Biermuscheln

Gekochter Hummer in Biersauce

Für 2 Personen

- 1 großer Hummer
- Salz
- 3 geschälte Schalotten
- 1 Messerspitze Kümmelkörner gemahlen
- $\frac{1}{2}$ l Prinzregent Luitpold Weißbier leicht
- 1 TL Tomatenmark
- $\frac{1}{4}$ l Sahne
- 250 g geschälte Kartoffeln, in kleine Würfel geschnitten

Den Hummer in kaltem Wasser waschen und abbürsten. Mit dem Kopf voraus in sprudelnd kochendes Salzwasser geben. Die Kochzeit richtet sich nach der Größe des Hummers und beträgt ungefähr 20 bis 30 Minuten. Wenn er gar ist, bekommt er eine schöne rötliche Farbe. Den Hummer in kaltem Wasser abschrecken, der Länge nach durchschneiden und das Fleisch vorsichtig aus der Schale und den Scheren lösen. Die Innereien entfernen und die Schale ausspülen.

In einen Topf die klein gehackten Schalotten und den Kümmel geben, das Bier hineingießen und alles aufkochen. Das Tomatenmark, die Sahne und die gewürfelten Kartoffeln hinzugeben, ca. 8 bis 10 Minuten köcheln lassen, bis die Kartoffeln gar, aber noch bissfest sind.

Das Hummerfleisch ca. 5 Minuten in der Sauce ziehen lassen und in der Hummerschale anrichten. Die Kartoffeln mit der Sauce darübergeben.

Fischragout

Enthäuten der Tomaten: Strunk entfernen. Tomatenunterseite einritzen und für 10 Sekunden in kochendes Wasser geben, herausnehmen und im eiskalten Wasser abschrecken. Die Haut lässt sich dann leicht mit einem Messer abziehen.

- 400 g Tagliatelle
- 2 Fleischtomaten
- 1 Zwiebel
- etwas Butter
- 300 ml Kaltenberg Schloss-Keller Naturtrüb
- etwas Sahne
- 1/4 l Fischfond
- 600–650 g Frischfischfilets von verschiedenen Fischsorten
- 1 Knoblauchzehe
- Salz, Pfeffer
- 1 TL Paprikapulver edelsüß
- 1 kleiner Bund Dill

Die Tagliatelle in Salzwasser bissfest kochen und abschütten.
Die Fleischtomaten enthäuten, entkernen und in ca. 2 cm große Würfel schneiden. Die in Scheiben geschnittene Zwiebel in Butter anschwitzen. Das Kellerbier, die Sahne und den Fischfond hinzugeben und aufkochen.
Die in ca. 3 cm große Stücke geschnittenen Fischfilets einlegen und ca. 5 bis 8 Minuten köcheln lassen, die klein gehackte Knoblauchzehe und die Tomaten hinzugeben, 1 Minute mitköcheln lassen. Das Fischragout mit Salz, Pfeffer und Paprika abschmecken und den Dill hinzufügen.
Das Fischragout zusammen mit den Tagliatelle anrichten.

Fines-de-Claires-Austern

- 24 Austern (Fines de Claires oder Belon)
- 2 EL Sherryessig
- 2 EL Sonnenblumenöl
- 1/2 TL mittelscharfer Senf
- 100 ml Kaltenberg Hell
- 4 Schalotten
- Salz, Pfeffer

Die Austern mit einem Austernmesser vorsichtig öffnen und die obere Hälfte der Schale entfernen. Die Austern auf einer Platte anrichten; empfehlenswert wäre es, sie auf zerstoßenen Eiswürfeln zu platzieren. Nun aus Essig, Sonnenblumenöl und Senf ein Dressing herstellen. Das Bier, die fein gehackten Schalotten, etwas Salz und Pfeffer hinzufügen und jeweils einen Teelöffel über die Austern geben.

Dieses Gericht sollte man mit Vollkornbrot oder Baguette als Vorspeise servieren.

Forelle blau in Bier

Als Beilage können Sie Salzkartoffeln und Salat servieren.

- 1 l Kaltenberg Hell oder Prinzregent Luitpold Weißbier Hell
- 3 EL Bieressig
- 2 EL geriebener Meerrettich
- etwas Thymian
- Saft einer Zitrone
- Salz
- 4 küchenfertige Forellen
- 150 g Butter

Bier, Essig, Meerrettich, Thymian, Zitronensaft, etwas Salz und ca. 1/2 l Wasser in einen großen Topf geben und aufkochen lassen. Die Temperatur reduzieren, die Forellen hineingeben und 10 bis 12 Minuten langsam pochieren.

In der Zwischenzeit die Butter zerlassen und klären. Die Forellen herausnehmen und mit der zerlassenen Butter servieren.

Flambierte Riesengarnelen auf Radicchio

- 20 Stück Riesengarnelen ohne Kopf und Schale
- 2 Knoblauchzehen
- 4 cl Whiskey
- 200 ml Prinzregent Luitpold Weißbier Hell
- 1 EL gehackte Petersilie
- 1 Messerspitze Cayennepfeffer
- Olivenöl
- 2 Köpfe Radicchio
- Salatdressing nach Belieben, z. B. Vinaigrette oder French Dressing

Die Riesengarnelen in heißem Olivenöl scharf anbraten, die in feine Scheiben geschnittenen Knoblauchzehen hinzugeben, kurz mitdünsten.
Das Ganze mit dem Whiskey flambieren, mit dem Weißbier ablöschen und kurz reduzieren. Cayennepfeffer und Petersilie hinzugeben.
Die Riesengarnelen heiß mit etwas Garflüssigkeit auf dem angemachten Radicchiosalat anrichten.

Riesengarnelen schmecken besonders mit frischem Baguette.

Kabeljaufilet im Bierteig mit Tomatensauce

Servieren Sie zu diesem besonderen Gericht Salzkartoffeln und Salat.

Für die Tomatensauce:
1 EL Olivenöl
1 Zwiebel
1 Dose geschälte Tomaten (200 ml)
1 Knoblauchzehe
1 TL Kräuter der Provence
Salz, Pfeffer

Für den Bierteig:
200 g Mehl
2 Eier
1/4 l Prinzregent Luitpold Weißbier Hell
1/4 l Milch
1 Prise Salz

Für das Kabeljaufilet:
4 Filets vom Kabeljau à 150 g
Saft einer Zitrone
etwas Mehl

Für die Tomatensauce in einem Topf das Olivenöl erhitzen, die gewürfelte Zwiebel darin goldbraun dünsten, Tomaten und die fein gehackte Knoblauchzehe sowie die Kräuter der Provence hinzufügen. Alles mit etwas Salz und Pfeffer würzen und ca. 1 Stunde köcheln lassen. Mit dem Pürierstab fein pürieren und evtl. durch ein Sieb passieren.

Für den Bierteig das Mehl mit dem Eigelb verrühren, mit Weißbier und Milch glatt rühren. Das Eiweiß mit der Prise Salz zu Schnee schlagen und unter die Mischung heben.

Die Kabeljaufilets mit dem Zitronensaft beträufeln, mit Mehl bestäuben und durch den Bierteig ziehen. In der heißen Friteuse (180 °C) goldbraun braten. Auf Küchenpapier abtropfen lassen und mit der Tomatensauce servieren.

Gebackener Hering

Dazu passt Kartoffelsalat.

- 4 mittelgroße Heringe
- etwas Salz
- 2 EL Butter
- 1 TL Kräuter der Provence
- 1/2 TL schwarzer Pfeffer
- 1 Zwiebel
- 2 Lorbeerblätter
- 1/8 l Kaltenberg Hell
- 1/8 l Essig
- 1 Prise Zucker

Heringe waschen, ausnehmen und abtrocknen. Mit Salz würzen und nebeneinander in eine flache, gebutterte feuerfeste Form legen. Kräuter der Provence, Pfeffer und die in Scheiben geschnittenen Zwiebel darüber verteilen. Die Lorbeerblätter dazwischenstecken. Das Bier mit dem Essig und dem Zucker vermischen und über die Heringe gießen, bis diese vollständig bedeckt sind. Die Form mit Alufolie verschließen und die Heringe bei schwacher Hitze – etwa 150 °C – ungefähr 45 Minuten backen, bis sie zart sind. Aus dem Ofen nehmen und kalt oder warm servieren.

Lachs im Wirsingmantel

- 8 große Wirsingblätter
- 4 Lachsfilets à 200 g
- 50 g Frühstücksräucherspeck in dünnen Scheiben
- 200 ml Kaltenberg Hell
- 150 g Schalotten
- 125 g Butter
- 1/2 l Fischfond (aus dem Glas)
- 200 ml Sahne
- etwas Kartoffelstärke
- Salz und Pfeffer
- 1 Bund frischer Dill, grob gehackt

Die vom Strunk befreiten Wirsingblätter 1 Minute in kochendem Salzwasser blanchieren und mit kaltem Wasser abschrecken.

Den Lachs mit Räucherspeck belegen, mit den Wirsingblättern umwickeln und in eine feuerfeste Form legen. Mit dem Bier übergießen und im vorgeheizten Ofen bei 180 °C etwa 15 Minuten garen.

In der Zwischenzeit die geschälten, fein gehackten Schalotten in zerlassener Butter glasig dünsten. Fischfond und Sahne angießen, das Ganze etwas reduzieren und leicht mit Kartoffelstärke binden. Die Sauce abschmecken und den Dill hinzufügen. Die Lachsstücke halbieren und auf einem Saucenspiegel anrichten.

Dazu schmecken Salzkartoffeln.

Seeteufelmedaillons auf Bier-Linsen-Gemüse

Reichen Sie dazu frisches Baguette.

Das Bier-Linsen-Gemüse kann auch als eigenständiges Gericht gekocht werden.

- 1 Karotte
- 1 kleine Zwiebel
- 1 Knoblauchzehe
- etwas Olivenöl
- 200 g rote Linsen
- 1/4 l Kaltenberg Hell
- Pfeffer
- 1 Prise Zucker
- 1 Bund Liebstöckel
- 1 Thymianzweig
- 8 Seeteufelmedaillons à ca. 70–80 g
- Mehl
- 2 Eier
- 100 g geriebener Parmesan
- 100 g Semmelbrösel
- 2 EL Butterschmalz
- Salz

Die Karotte und die Zwiebel fein scheiden, den Knoblauch fein hacken.
Das Gemüse in heißem Olivenöl kurz andünsten. Die Linsen dazugeben und alles mit Bier aufgießen, leicht pfeffern, Zucker sowie den Liebstöckel und den Thymian dazugeben. Das Linsengemüse leicht köcheln lassen und nach Bedarf noch etwas Wasser aufgießen.
Die Seeteufelmedaillons in Mehl wenden, durch die verquirlten Eier ziehen und mit der Parmesan-Semmelbröselmischung panieren. Die Fischstücke in heißem Butterschmalz von beiden Seiten kurz scharf anbraten und zum Fertiggaren in den auf 160 °C vorgeheizten Ofen schieben.
Die Linsen mit Salz abschmecken und zu den Seeteufelmedaillons servieren.

Biermuscheln

Zu Muscheln reicht man frisches Baguette.

- 2 kg Miesmuscheln
- 200 ml Kaltenberg Hell
- 2–3 Knoblauchzehen
- 1 Prise Zucker
- 200 ml Crème fraîche
- 2 EL gehackte Petersilie
- Pfeffer aus der Mühle

Die Miesmuscheln säubern. Das Bier, den Knoblauch und den Zucker in einen großen Topf geben, aufkochen lassen und die Muscheln dazugeben. Das Ganze zugedeckt 2 bis 3 Minuten kochen lassen.

Die Crème fraîche und die gehackte Petersilie zu den Muscheln geben, alles nochmals 1 Minute köcheln lassen und die Sauce mit etwas schwarzem Pfeffer abschmecken.

Desserts

Ritterbockparfait

Ritterbock-Zabaione mit marinierten Feigen

Schokoladenkuchen mit warmer Bier-Vanille-Sauce

Apfelküchlerl mit Ritterbocksauce

Flambierte Bierpfannkuchen

Bierkaltschale

Ritterbockbirne mit Roquefort

Überbackene Erdbeeren

Crème Brûlée

Ritterbockparfait

Eine halbe Stunde vor dem Servieren aus dem Tiefkühlfach nehmen. Das Parfait sollte die Konsistenz von Cremeeis haben.

- 125 g brauner Zucker
- 60 g Butter
- 200 ml Kaltenberger Ritterbock
- 3 Eigelb
- 1 EL Whiskey
- 450 ml Sahne

Zucker, Butter und Ritterbock in einem Topf auf großer Flamme kochen, bis sich der Zucker aufgelöst hat. Den Sirup vom Feuer nehmen und abkühlen lassen.

In einer Schüssel das Eigelb schaumig schlagen. Nach und nach den Sirup dazugießen, dabei ständig schlagen. Anschließend den Whiskey untermischen. Die Masse in einen Topf geben und bei mittlerer Hitze so lange schlagen, bis die Konsistenz von Schlagsahne erreicht ist. Anschließend die Masse im kalten Wasserbad bis zum Abkühlen rühren. Die Sahne steif schlagen, unter die Parfaitmasse heben und die Masse ins Tiefkühlfach stellen.

Ritterbock-Zabaione mit marinierten Feigen

- 6 Eigelb
- 200 g Zucker
- 300 ml Kaltenberger Ritterbock
- 4 frische Feigen
- 4 cl Kaltenberger Bierbrand
- 4 Minzeblätter

Eigelb und Zucker in einem Topf im Wasserbad schaumig schlagen. Den Ritterbock dazugießen und weiterschlagen, bis die Masse das dreifache Volumen hat. Den Topf aus dem Wasserbad nehmen und die Creme nochmals 2 Minuten mit dem Schneebesen schlagen.

Die mit Bierbrand marinierten geachtelten Feigen in Servierschalen legen und die warme Zabaione darüber geben. Mit Minzeblättern garnieren.

Schokoladenkuchen mit warmer Bier-Vanille-Sauce

Für den Schokoladenkuchen:
375 g Butter
375 g dunkle Kuvertüre
175 g Zucker
6 Eier

Für die Bier-Vanille-Sauce:
300 ml Kaltenberger Ritterbock
1 Vanilleschote
1/4 l Milch
50 g Zucker
1 Päckchen Vanillepudding

Für den Schokoladenkuchen Butter und Kuvertüre im Wasserbad oder in der Mikrowelle schmelzen. Eier und Zucker schaumig schlagen.
Die gut abgekühlte Butter-Kuvertüre-Mischung unter die Eier-Zucker-Mischung heben. Die Masse in eine mit Backpapier ausgelegte Springform (Durchmesser 22 cm) geben und im vorgeheizten Backofen bei 180 °C etwa 25 Minuten backen. Den Kuchen auskühlen lassen und stürzen.

Für die Bier-Vanille-Sauce den Ritterbock mit der halbierten Vanilleschote, Milch und Zucker aufkochen und etwa 5 Minuten köcheln. Alles abkühlen lassen und die Vanilleschote herausnehmen. Das Puddingpulver nach Herstelleranweisung anrühren und unter die Biermischung geben. Einmal aufkochen lassen und die warme Bier-Vanille-Sauce zu dem Schokoladenkuchen reichen.

Apfelkücherl mit Ritterbocksauce

- 4 Äpfel (Elstar, Royal Gala oder Golden Delicious)
- 4 cl Bierbrand
- 200 g Mehl
- 2 Eigelb
- 1/4 l Prinzregent Luitpold Weißbier Hell
- 1/4 l Milch
- 1 Prise Salz
- 2 Eiweiß
- 50 g brauner Zucker
- etwas Butter
- 1/8 l Kaltenberger Ritterbock
- 200 ml Schlagsahne
- 1 Vanilleschote
- 100 g Zimtzucker

Die Äpfel schälen und das Kerngehäuse entfernen. Die Äpfel in ca. 1 cm dicke Scheiben schneiden, mit dem Bierbrand marinieren und 2 Stunden ziehen lassen.

Das Mehl mit dem Eigelb, dem Weißbier und der Milch verrühren. Das mit einer Prise Salz steif geschlagene Eiweiß unterheben. Die Apfelscheiben in dem Teig wenden und in der Friteuse goldbraun backen.

Den braunen Zucker in etwas Butter karamellisieren. Ritterbock, Sahne und die halbierte Vanilleschote hinzugeben und das Ganze auf die Hälfte reduzieren. Die Vanilleschote entfernen.

Die Apfelkücherl in Zimtzucker wenden und mit der Ritterbocksauce servieren.

Flambierte Bierpfannkuchen

200 g Weizenmehl
1/4 l Prinzregent Luitpold Weißbier Hell
1 Prise Salz
1 Ei
Butterschmalz
4 cl Bierbrand (alternativ Rum)
2 EL Butter
2 EL Zucker
Walnuss- oder Haselnusseis

Aus dem Mehl, dem Bier, dem Salz und dem Ei unter kräftigem Schlagen einen geschmeidigen zähflüssigen Teig herstellen und diesen etwa eine halbe Stunde ruhen lassen.
In einer beschichteten Pfanne etwas Butterschmalz erhitzen und dünne, nicht zu dunkle Pfannkuchen backen. Die fertigen Pfannkuchen auf einen Teller schichten.

Die Butter mit dem Zucker erhitzen, mit etwas Bier ablöschen und kurz einkochen lassen. Die zusammengerollten Pfannkuchen in die Sauce geben, mit dem Bierbrand flambieren und mit Nusseis servieren.

Bierkaltschale

- 1 l König Ludwig Dunkel
- 60 g Zucker
- etwas Zimt
- 50 g Rosinen
- 1/8 l saure Sahne
- 3 Scheiben Pumpernickel

Bier, Zucker, Zimt und die klein gehackten Rosinen mit der sauren Sahne verrühren. Pumpernickel fein reiben und unterrühren.
Die Masse in den Kühlschrank stellen und kalt servieren.

Ritterbockbirne mit Roquefort

- 4 reife Birnen (Abate oder Williams)
- $^1/_4$ l Kaltenberger Ritterbock
- 1 Zimtstange
- 1 EL Zucker
- $^1/_8$ l Wasser
- 1 Ei
- 100 g Mehl
- $^1/_8$ l Milch
- $^1/_8$ l Weißbier
- 4 Scheiben Roquefort zu je 50–70 g
- etwas Salz
- 4 EL Preiselbeeren

Die Birnen schälen, halbieren und das Kerngehäuse entfernen. Den Ritterbock, die Zimtstange, Zucker und Wasser aufkochen. Die Birnenhälften dazugeben und ca. 15 Minuten leicht köcheln lassen.

In der Zwischenzeit den Bier-Ausbackteig anrühren: Eigelb mit Mehl verrühren, Milch und Weißbier hinzufügen und das mit Salz steif geschlagene Eiweiß unterheben.

Die Roquefortscheiben in Mehl wenden, durch den Bierteig ziehen und in der Friteuse goldbraun backen. Die abgetropften und noch lauwarmen Birnenhälften mit jeweils 1 Scheibe Roquefort servieren und mit Preiselbeeren garnieren.

Servieren Sie dieses Dessert mit frischem Baguette.

Überbackene Erdbeeren

Als Faustregel gilt: Immer die Erdbeeren erst waschen und dann den Strunk entfernen, sonst verlieren sie an Aroma.

- 250 g Mascarpone
- 200 ml Kaltenberger Ritterbock
- 100 g Zucker
- 100 ml Sahne
- 600 g geputzte Erdbeeren
- 4 cl Bierbrand
- 100 g brauner Zucker

In einer Schüssel Mascarpone, Ritterbock, weißen Zucker und Sahne mit dem Handmixgerät schaumig rühren, bis sich das Volumen der Masse verdoppelt hat.

Die Erdbeeren in feuerfeste Schalen geben, mit Bierbrand marinieren und 2 Stunden ziehen lassen.

Die Erdbeeren abtropfen lassen und in ofenfesten Dessertschalen anrichten. Jeweils 2 EL Mascarponeschaum über die Früchte geben, mit etwas braunem Zucker bestreuen und das Ganze im Grill bei sehr starker Oberhitze gratinieren.

Crème Brûlée

400 ml Sahne
6 Eigelb
150 ml Kaltenberger Ritterbock
1 Vanilleschote
100 g Zucker
2 EL brauner Zucker

Die Sahne mit dem Eigelb und dem Ritterbock gut verrühren. Das Mark der Vanilleschote und den Zucker hinzufügen und rühren, bis sich der Zucker vollständig gelöst hat.
Die Masse in vier ofenfeste flache Förmchen füllen und in einem Wasserbad im Ofen bei 120 °C 90 Minuten garen. Anschließend abkühlen lassen. Die Creme mit braunem Zucker bestreuen und mit einem Crème-Brûlée-Flambierer, notfalls auch unter dem Grill des Backofens, karamellisieren.

Getränke

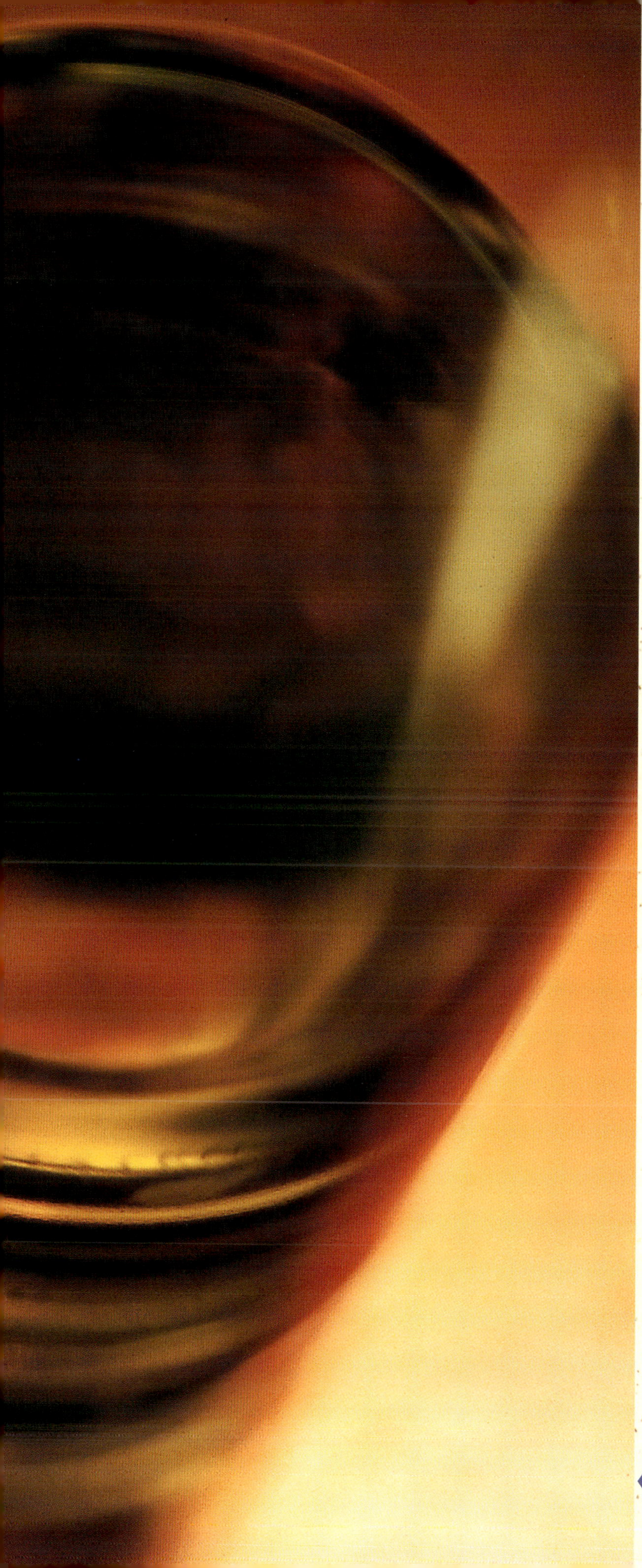

Weißbierbowle

Affenhals

Fegefeuer

Prosecco-Bier-Cocktail

Bierpunsch

Affenhals

- $^1/_2$ l Kaltenberger Ritterbock
- $^1/_8$ l trockener Sherry
- 375 ml trockener Rotwein
- 2 EL Zucker
- 1 Prise Muskat
- 1 Messerspitze Vanillemark
- 8 Eiswürfel

Alle Zutaten in einem Shaker mischen. Mit 2 Eiswürfeln pro Glas servieren.

Weißbierbowle

- $^1/_2$ l Weißbier
- 100 g gefrorene Himbeeren
- $^1/_2$ l Sekt oder Prosecco
- 50 bis 70 ml Himbeersirup

Weißbier mit Himbeeren und Sekt oder Prosecco vorsichtig vermischen, Himbeersirup nach Geschmack unterrühren. In 0,3-l-Gläsern sofort servieren.

Ludwig

Prosecco-Bier-Cocktail

200 ml Kaltenberger Ritterbock
100 g brauner Zucker
2 cl Kaltenberger Bierbrand
1/2 Flasche Prosecco

Ritterbock und Zucker ca. 10 Minuten lang zu Sirup kochen. Den Sirup abkühlen lassen und auf 4 Sektgläser verteilen. Jeweils einen Spritzer Bierbrand hinzugeben und alles mit eisgekühltem Prosecco aufgießen.

Fegefeuer

300 ml Kaltenberger Ritterbock
1/4 l Rum
2 EL Zucker
Schlagsahne
etwas Himbeersirup

Bier, Rum und Zucker mixen und in hohe Gläser füllen.
Geschlagene Sahne mit etwas Himbeersirup verrühren und als Häubchen auf das Getränk setzen.
Das Fegefeuer eisgekühlt servieren.

Bierpunsch

- $^{1}/_{4}$ l Johannisbeersaft
- 2 EL brauner Zucker
- $^{1}/_{4}$ l Rotwein
- $^{1}/_{2}$ l König Ludwig Dunkel
- 100 g frische Heidelbeeren
- 4 cl Bierbrand

Den Johannisbeersaft mit dem braunen Zucker ca. 1 Minute kochen lassen. Den Wein und das König Ludwig Dunkel hinzugeben und auf ca. 80 °C erhitzen. Die Heidelbeeren und den Bierbrand unterrühren und heiß servieren.

Prinzregent
Luitpold

Register

Titelfoto, Foto hintere Umschlagseite, S. 6: Klaus G. Förg, Rosenheim
Die Abbildung des Bierkruges auf der Titelseite wurde von der König Ludwig Schlossbrauerei Kaltenberg zur Verfügung gestellt.
Alle übrigen Fotos stammen von Wolfgang Pulfer, München
Umschlaggestaltung: Beatrice Schmucker, Augsburg
Seitenlayout und Satz: VerlagsService Dr. Helmut Neuberger & Karl Schaumann GmbH, Heimstetten
Lithografie: Repro Ludwig, Zell am See
Druck und Bindung: Printer Trento S.r.l.
Printed in Italy
ISBN 3-475-53653-6